Read the word. Read the world.
Build your home library, today!
1430 W. Susquehanna Ave Philadelphia, PA 19121
www.treehousebooks.org

Secretos del Rottweiler

¡Una Guía Rápida

para Adiestrar **un Rottweiler**

rápidamente!

Por Marcos Mendoza
de EducarPerros.com y Perro-Obediente.com

Índice

Índice 5

Introducción 7

Características de la raza Rottweiler... 9

Como comunicarse con un Rottweiler para que te obedezca y te entienda.. 11

    La importancia de saber comunicarse con un perro 11

    Visión general del lenguaje corporal de un Rottweiler 11

    Errores al entender el lenguaje corporal de un Rottweiler 19

    Algunas cosas que probablemente ignoras 20

    Una señal universal de amor 20

Comunicación y comportamiento de un Rottweiler 21

Adiestramiento en obediencia para dueños de Rottweilers 23

    La incapacidad de algunos Rottweilers para aprender órdenes simples 23

    La edad sí importa 24

    Comprensión de la psiquis canina y de los métodos de aprendizaje 24

Adiestramiento básico 27

    Orden Sentado/quieto 28

Orden Ven 28

Orden Echado/abajo 29

Orden Junto 29

Premios y castigos 31

Un compromiso de toda la vida 32

Como terminar con la mala conducta de un Rottweiler 35

¿Que hacer si tu Rottweiler muerde tus zapatos y todo lo que encuentra? 35

¿Qué hacer para que tu Rottweiler deje de saltar encima de las personas? 37

¿Cómo evitar que tu Rottweiler te muerda a ti y a otras personas? 38

¿Qué hacer cuando tira de la correa cuando lo saco a pasear? 40

¿Cómo evitar que tu Rottweiler robe tus zapatos u otro objeto y salga corriendo? 41

¿Qué hacer si mi Rottweiler tiene OTROS problemas de comportamiento? 42

Como enseñarle a tu Rottweiler a que no haga sus necesidades dentro de la casa 43

Comentarios Finales 51

Introducción

Bienvenidos a una guía sencilla, rápida y sobre todo EFECTIVA para educar, entrenar y adiestrar a un Rottweiler.

Bienvenidos a "Secretos del Rottweiler".

Mi nombre es Marcos Mendoza y te voy a guiar paso a paso a través de todo lo que necesitas saber para educar a tu Rottweiler y terminar con todo sus malos hábitos para siempre.

La intención de este libro es darte una solución rápida a tu problema, directo al punto y sin relleno.

Desde ahora este será tu manual de trabajo para comenzar a educar a tu Rottweiler, no te quedes solo con la primera leída. Léelo varias veces y APLICA su contenido para enseñar a tu mascota nuevos y mejores comportamientos.

Adiestrar a un perro Rottweiler es fácil, solo se necesita un poco de esfuerzo y dedicación de tu parte para lograr tus objetivo.

Estas iniciándote en un camino muy divertido en donde conocerás más sobre tu Rottweiler y pasarás grandes momentos junto a él, educándolo y jugando.

Te deseo mucho éxito en esta nueva aventura ;-)

Características de la raza Rottweiler

También llamado Boyero alemán, el Rottweiler es un temible perro de defensa: de tamaño no muy grande, posee una notable fuerza. En la defensa de su amo y de la casa, manifiesta una determinación que, a veces llega a la ferocidad. En términos generales, es un perro no muy elegante que por su aspecto infunde temor y respeto. Es muy limpio, gracias a su capa de pelo liso y color negro con manchas fuego. Se encariña muchísimo con su amo, con quien le gusta jugar, revelando un carácter insospechadamente alegre.

El Rottweiler presenta un conjunto de capacidades, particularidades y aptitudes físicas y psíquicas especiales. De humor amable y apacible, es muy afectuoso, obediente y valiente. Su temperamento y necesidad instintiva de movimiento y de actividad son de un nivel medio. Ante las influencias desagradables, reacciona de manera dura, intrépida y tranquila.

Sus órganos sensoriales están desarrollados en función de sus objetivos. Controla sus emociones. Tiene una gran capacidad para el aprendizaje. Pertenece al tipo fuerte, bien equilibrado. Como es un perro desconfiado, de una agresividad media pero muy seguro de sí mismo, siempre reacciona con calma y reserva. Sin embargo, cuando se siente amenazado, se pone inmediatamente en defensa, debido a su instinto combativo y protector extremadamente desarrollado.

Soporta el dolor con valentía y sin temor. Cuando la amenaza ha cesado, su ardor combativo se apaga rápidamente y recobra su temperamento apacible.

Es un perro muy fiel. Ama a los niños. Es un buen guardián sin ser ladrador pero cuando lo hace no es en vano, tampoco tiende a irse por su cuenta. Muerde si su amo está en peligro. Posee un buen olfato. De gran resistencia, se lanza gustosamente al agua. No siente pasión por la caza.

Es un perro inteligente, dotado de una gran adaptabilidad a las circunstancias y extremada resistencia. Tiene gran necesidad de movimiento y actividad por lo que necesita ejercitar sus músculos con largos paseos.

El Rottweiler necesita un dueño autoritario que sepa tratarlo y que lo domine. Requiere centrarse en el adiestramiento y en la sociabilización para que no desarrolle una conducta agresiva o nerviosa. Aunque no necesita hacer ejercicio en exceso, tener un jardín para que pueda corretear a diario sería lo ideal. Es recomendable controlar su dieta para que no engorde.

El Rottweiler tiene un pelaje corto y sedoso que es relativamente fácil de limpiar. Basta con cepillarlo regularmente con un cepillo fuerte para remover el pelo sobrante o muerto, ya que es una raza que pierde una cantidad normal de pelo. No se lo debe bañar muy frecuentemente ya que pierde los aceites naturales del pelaje y/o piel. Muchos dueños de Rottweilers y criadores de la raza utilizan shampoo seco para no remover los aceites esenciales del pelaje.

Como comunicarse con un Rottweiler para que te obedezca y te entienda

La importancia de saber comunicarse con un perro

Una de las claves para que un Rottweiler te obedezca, sea educado y entienda lo que quieres enseñarle es conociendo las formas de comunicación que tiene un Rottweiler.

Lo primero que tienes que saber es como tu Rottweiler se comunica contigo, de qué manera expresa lo que está sintiendo a través de su lenguaje corporal. Debes entender a tu mascota.

Luego, debes aprender cual es el lenguaje corporal correcto que debes utilizar para premiar, corregir o castigar a tu perro para que de esta manera obedezca tus órdenes y entienda tus instrucciones.

Estos temas los veremos en detalle en este capítulo.

Visión general del lenguaje corporal de un Rottweiler

La mayoría de los dueños de Rottweilers olvidan que la forma más fácil de establecer lazos afectivos con su mascota, además del adiestramiento, es entender el lenguaje corporal básico del Rottweiler.

Cuando tu mascota se comunica contigo, ¿lo escuchas? ¿Le prestas atención?

¿Has visto alguna vez a tu Rottweiler haciendo cosas graciosas con sus orejas, cola y otras partes de su cuerpo? Esta es su forma de decirte: *¡oye tú! Te estoy hablando. ¿Me estás escuchando?*

El ladrido no es el tema que se discute aquí, sino que la forma en que los Rottweilers se comunican con nosotros y con el mundo que los rodea mediante su lenguaje corporal, especialmente la cola.

Tu Rottweiler tiene la capacidad de decirte exactamente cómo se siente, si está feliz, triste, aburrido, emocionado, disgustado, desconcertado, confiado, inquieto o asustado.

Los discretos y casi continuos movimientos de ojos, orejas, cuerpo y cola son el lenguaje corporal emocional y los principales medios de comunicación de tu Rottweiler. Investigadores han descubierto que los animales poseen un sistema de comunicación extremadamente refinado y sutil.

Jane Goodall y el Dr. Michael W. Fox, ambos reconocidos expertos en lenguaje corporal canino, observaron que los perro salvajes y los lobos comunican ira, dominancia, sumisión, alegría, interés, disgusto, abatimiento, afecto y miedo, usando sólo ligeros movimientos corporales.

Aunque los Rottweilers domesticados han perdido algo de su lenguaje en el contacto con los humanos, aún conservan la mayoría de estas instintivas y heredadas formas de comunicación. Con práctica, un observador sensible y con vista aguda puede aprender a leer el lenguaje corporal de tu Rottweiler.

A medida que un dueño de un Rottweiler va desarrollando la destreza para identificar los cambios sutiles en el estado de ánimo de su mascota, su comunicación, amistad y conexión con su mascota serán cada vez más profundas y agradables.

Los veterinarios con larga experiencia a menudo leen claramente el lenguaje corporal canino, percibiendo los matices más pequeños. El Dr. Theodore Stanton, un veterinario que ha ejercido por más de cuarenta años, se ha convertido en un experto en reconocer el lenguaje corporal en perros.

El Dr. Stanton señala: "En la mayoría de los perros, incluidos los Rottweilers, es frecuente la presencia de jerarquía entre los individuos".

Y continúa: "Todos los Rottweilers asumen un rol de dominantes o de sumisos. Gran parte del lenguaje corporal canino se usa para establecer estas relaciones de dominancia y sumisión con otros perros y también con personas".

Veamos en detalle el lenguaje corporal de un Rottweiler.

Los movimientos de la cola de un Rottweiler

Un Rottweiler usa de alguna manera todas las partes de su cuerpo para expresar sus sentimientos e intenciones. Su cola es la parte más llamativa y expresiva.

Existen muchos movimientos de cola. Un simple, ordinario y entusiasta meneo de cola significa: "Soy un tipo amistoso". Un meneo lento de la cola es la risa nerviosa de un Rottweiler que está avergonzado por algo.

Una cola alta y meneada ampliamente significa que tu Rottweiler quiere jugar. Si él menea su cola entre sus patas traseras luego de que le has llamado la atención, significa que quiere reconciliarse contigo y que está arrepentido.

Cuando el Rottweiler demuestre sumisión, sonreirá como un bobo y meneará su cola con gran entusiasmo.

El Rottweiler levanta su cola cuando está alerta y esperando algo. Si ha encontrado a un Rottweiler extraño o escuchado un sonido inusual, la menea un poco. Él está diciendo, "estoy preparado para el peligro, estoy preparado para cualquier cosa".

Una cola erguida muy alta, de manera casi vertical, o arqueada sobre su espalda denota agresión y dominancia y disposición a actuar si es necesario. El Rottweiler con la cola baja y entre sus patas traseras está diciendo, "Tengo miedo y me voy de aquí".

El olfateo de un Rottweiler

En la mayoría de los casos el olfateo de un Rottweiler se realiza como método de identificación. Cuando un Rottweiler se acerca a otro perro, lo primero que hace es olfatearlo para descubrir si es amigo o enemigo. En primer lugar, el Rottweiler huele el trasero; y luego la cara.

La posición de su boca

A menudo puedes saber si a un Rottweiler le molesta tu presencia mirando la posición de su boca. Cuando el Rottweiler tenga las comisuras de su boca estiradas hacia delante, es señal de que no quiere ser molestado. Puede ponerse agresivo y puede atacar, especialmente si está mostrando sus dientes. Sin embargo, si las comisuras de la boca del Rottweiler están echadas hacia atrás, en dirección de las orejas (como si tratara de reírse), él está expresando su amistad o sumisión.

Algunos Rottweilers son capaces de imitar una sonrisa, algo que han aprendido de los humanos y que usan solamente con ellos. Estos Rottweilers retraen sus labios para mostrar sus dientes delanteros en una amplia sonrisa.

Los dientes de un Rottweiler

Cuando un Rottweiler usa sus dientes para morder tus pantuflas puede estar expresando descontento. Un Rottweiler que muerde cosas es un Rottweiler que está agitado. Por otro lado, un Rottweiler que recibe mucha atención, pero que es dejado encerrado en la casa solo durante todo el día se desquitará de esta forma.

Cuando tu Rottweiler esté solo y triste y quiera hacer algo, se convertirá en un niño hiperactivo. Es probable que muerda todo lo encuentre en tu casa.

Comunicación con la lengua

Hablemos sobre la lengua del Rottweiler. Esta raza la usa principalmente para comer y tomar agua, y para refrescarse a sí mismo. En términos de comunicación con la lengua, el Rottweiler lengüetea a su amo para mostrar amistad y para pedir atención. Sin embargo, un Rottweiler que lame murallas y come polvo o suciedad busca desesperadamente atención o compañía.

Observación de los ojos del Rottweiler

Ahora veamos cómo un Rottweiler usa sus ojos para comunicarse. El movimiento de los ojos del Rottweiler puede indicar su estado de ánimo. Un Rottweiler sumiso evita el contacto visual con un perro dominante. Un Rottweiler que está tratando de reconciliarse con su amo también evita mirarlo directamente a los ojos. Por otro lado, una mirada fija de un Rottweiler indica agresividad y significa que quiere que te mantengas a una cierta distancia.

Una buena regla de seguridad es: "Un Rottweiler que observa cada movimiento que realizas probablemente esté a punto de morderte".

Elevación de orejas

Los Rottweilers ocupan sus orejas para escuchar y para comunicarse. Un Rottweiler con sus orejas levantadas y hacia delante significa que está alerta. Él puede estar poniendo atención a algo que escuchó. Puede estar considerando la posibilidad de una pelea con otro perro o un jugueteo amistoso con su amo.

Un Rottweiler con orejas hacia abajo y relajadas significa que está calmado y amistoso. Si un Rottweiler está demostrando sumisión o miedo, mantendrá las orejas muy bajas. Un Rottweiler amenazando (y a punto de atacar) coloca sus orejas erguidas y hacia delante.

La voz de un Rottweiler

El repertorio vocal de un Rottweiler está compuesto por aullidos, chillidos, gruñidos y ladridos. El Rottweiler ocupa este repertorio cuando considera imperativo que alguien escuche su mensaje.

Cuando un Rottweiler está aburrido usualmente emite ladridos agudos durante horas. Probablemente cuando es dejado solo y encerrado.

Un Rottweiler llorando pidiendo atención emite agudos aullidos usualmente a altas horas de la noche.

Las patas delanteras

Por ejemplo, un Rottweiler a menudo usa su pata delantera para mostrar que quiere mantener la paz. Él ofrece una pata a su amo cuando pide perdón después de haber hecho un hoyo en un macizo de flores.

Cuando un Rottweiler levanta una pata delantera a otro perro es signo de sumisión. Él está indicando que se revolcará por el suelo si es necesario para demostrar su sumisión total.

Cuando tu Rottweiler levanta alternadamente ambas patas delanteras, él está diciéndote que quiere jugar.

La postura de su cuerpo

En una pelea, un Rottweiler intenta establecer su posición jerárquica mediante la postura y posición de su cuerpo. Cuando se encuentran dos perros y se sitúan para decidir quién es el dominante, ellos se pararán uno al lado del otro y uno de ellos actuará como diciendo: "Soy el perro más grande. Aquí mando yo."

Un Rottweiler histriónico arqueará su cuello, levantará un hombro y erizará el pelo del lomo, extenderá las cuatro patas rígidamente, y lucirá como si estuviera parado de puntillas. Uno de ellos puede apoyarse contra el otro perro. El perro que se da por vencido permanecerá completamente inmóvil si es tocado.

Si el Rottweiler sumiso está muy asustado, dará vueltas por el suelo, como diciendo "Soy todo tuyo. Haz lo que quieras."

El Rottweiler dominante entonces pensará, "este es un perro miedoso, él no intentará nada…No representa ninguna amenaza estando tendido ahí". Entonces se acaba el enfrentamiento.

Cuando un Rottweiler baja la parte anterior de su cuerpo, mientras mantiene levantada la parte posterior, brinca hacia atrás y sale corriendo, está invitándote a jugar. Cuando veas a tu Rottweiler correr en círculos, significa que está muy alegre por algo, probablemente por tu llegada.

Es difícil distinguir el estado de ánimo de un Rottweiler ambivalente que gruñe y menea su cola al mismo tiempo. Puede ser amistoso o sentir curiosidad por ti; también puede sentir que debe defender su territorio.

Por otro lado, este Rottweiler puede ser agresivo y hostil, pero teme no poder defenderse. Y a menos que descubras tus verdaderas intenciones, lo mejor es que seas precavido y que pongas mucha atención.

Errores al entender el lenguaje corporal de un Rottweiler

Normalmente no es demasiado difícil interpretar el lenguaje canino. El lenguaje corporal de un Rottweiler es, por lo general, sencillo, pero

algunas veces puede ser engañoso.

Por ejemplo, si un Rottweiler está asustado probablemente va a morderte. Un buen indicador de su nivel de ira es el ángulo de su cola. Si te acercas a un Rottweiler y éste mantiene su cola levantada y se pone aún más agresivo, probablemente está preparando para atacarte.

Si el Rottweiler baja su cola y se tranquiliza, probablemente quiere ser tu amigo. Sin embargo, si eriza el pelo del lomo, aun cuando tenga su cola baja, aún es peligroso y deberías mantener la distancia.

Algunas cosas que probablemente ignoras

Es probable que tu Rottweiler tenga algunas predilecciones que nunca habrías sospechado y que probablemente nunca aprobarás.

Por ejemplo, cuando tu Rottweiler se está revolcando sobre un material maloliente, la expresión en su cara podría ser interpretada como una señal de rebelión. Sus labios están estirados hacia atrás en una leve sonrisa, sus orejas están hacia abajo (porque debe sentirse culpable) y sus párpados están semicerrados en una expresión de clara rebeldía.

Algunos Rottweilers inteligentes pueden hacer teatro. Un Rottweiler que vive fuera de la casa y que alguna vez fue dejado entrar a ésta porque parecía estar tiritando en una noche fría (en realidad, los Rottweilers tiritan de miedo, no de frío) intentará tiritar violentamente al lado de la puerta de la casa cada vez que sienta que tiene una oportunidad de pasar una noche al lado del fuego.

Una señal universal de amor

La mayoría de los Rottweilers utilizan un lenguaje corporal no ambiguo. Por ejemplo, cuando un Rottweiler pone su nariz sobre tu rodilla y te mira inquisitivamente con ojos tiernos. Él está comunicándose con su lenguaje de amor que lo ha hecho el mejor amigo del hombre por miles de años, y ningún dueño de perro ha necesitado alguna vez instrucciones sobre lenguaje corporal canino para entender este mensaje.

Comunicación y comportamiento de un Rottweiler

Muchos dueños de Rottweilers no se dan cuenta de la capacidad que tienen sus Rottweilers para interpretar y entender nuestro lenguaje corporal. Tu lenguaje corporal es muy importante para que tu Rottweiler escuche y obedezca tus órdenes. Usar un correcto lenguaje corporal también puede hacer que tu Rottweiler deje de comportarse inadecuadamente.

Veamos un ejemplo muy común, un Rottweiler muy emocionado que le gusta saltar encima de cualquier invitado que entre por tu puerta. Todos hemos vivido esta experiencia con nuestro Rottweiler o perro adulto alguna vez. Cuando llegan invitados a tu casa tu Rottweiler rebosa de alegría y entusiasmo.

¿Tendrán golosinas? ¿Cómo huelen? ¿Querrán jugar? ¿Salto sobre ellos y salgo de mis dudas? Esto es exactamente lo que piensa tu Rottweiler si tuviéramos que descifrar su conducta emocional.

Y mientras tanto, intentas por todos los medios impedir que tu Rottweiler salte encima de tus invitados. Le gritas, pero esto sólo lo emociona más, le das órdenes para que deje tranquilos a tus invitados, pero nada funciona. Finalmente, estás tan estresado por los gritos y por tratar de sacar a tu Rottweiler que la fiesta termina siendo caótica.

Sí, el término fiesta es una gran forma de explicar esta escena, porque para tu Rottweiler eres uno más de su diversión. ¿Te das cuenta ahora cómo tu lenguaje corporal y tu forma de comunicar influyen en la conducta de tu Rottweiler? Actuando de esta manera sólo empeoras la situación, en lugar de cambiar la conducta de tu Rottweiler.

Comunícate mejor con tu Rottweiler usando los siguientes consejos sobre lenguaje corporal:

En el ejemplo mencionado anteriormente del Rottweiler emocionado que no deja de saltar encima de las personas, ahora entiendes que tu lenguaje corporal y nerviosismo sólo provocaron que tu Rottweiler se sintiera más entusiasmado con lo que estaba haciendo. Por lo tanto, debes abordar la situación de otro modo.

A continuación se presentan algunos consejos básicos sobre lenguaje corporal que puedes usar:

1. Cuando estés enojado con tu Rottweiler o perro adulto, no lo persigas por la casa. Puedes estar molesto con tu Rottweiler, pero él piensa que estás jugando y no cesará de dar vueltas todo el tiempo.

2. Cuando le des una orden a tu Rottweiler, asume una posición erguida. Ponte de pie, saca el pecho y echa la cabeza hacia atrás. Tu Rottweiler te tendrá más respeto y un poco de miedo, lo cual puede ayudar en el adiestramiento.

3. Si tu Rottweiler está muy emocionado, entonces no hagas las cosas más difíciles siendo tan enérgico. En lugar de eso, muévete con lentitud y habla usando un tono de voz tranquilo. Muestra la misma conducta que quieres que tenga tu Rottweiler. Esto lo calmará y será mucho más fácil cambiar su conducta.

Adiestramiento en obediencia para dueños de Rottweilers

Enséñale a tu Rottweiler a ser obediente lo antes posible.

Muchas personas, a menudo, se quejan por la conducta incontrolable de sus Rottweilers y están confundidos sobre cómo enseñarles algunos buenos modales.

La incapacidad de algunos Rottweilers para aprender órdenes simples

tales como "sentado" y "quieto" puede convertirse en un gran problema en el futuro y es probable que una mascota que no entienda tales órdenes se transforme en una molestia para su familia o peor aún para el vecindario.

Por lo tanto, es imperativo que los dueños de Rottweilers enseñen órdenes de obediencia a sus mascotas antes de que sea demasiado tarde.

El adiestramiento en obediencia, en esencia, no debe ser considerado como un medio para enseñarle a tu Rottweiler a hacer trucos vistosos o a realizar ejercicios de competencia. La premisa fundamental del adiestramiento en obediencia es simplemente obediencia y básicamente hacer que los Rottweilers obedezcan órdenes simples.

Aunque algunos dueños de Rottweilers prefieren mandar a sus mascotas a clases de obediencia, cualquier persona entusiasta puede llevar a cabo el adiestramiento en la comodidad de su hogar. Esto proporcionará más tiempo para establecer lazos afectivos y mejorar la comunicación entre el Rottweiler y su dueño.

El adiestramiento en obediencia básicamente requiere mucha paciencia, un collar, una correa, mucho sentido del humor y una aguda comprensión de la comunicación y conducta canina.

La edad sí importa

¿A qué edad se debe empezar a adiestrar a un Rottweiler?

Los expertos recomiendan adiestrar a los Rottweilers a partir de las 8 semanas de edad. El viejo dicho "loro viejo no aprende a hablar", es aplicable también a los Rottweilers y tiene algo de verdad.

Esto se debe principalmente a que, al igual que los seres humanos, los Rottweilers van perdiendo capacidades mentales a medida que envejecen, lo cual tiene un gran impacto en la eficacia del adiestramiento.

Comprensión de la psiquis canina y de los métodos de aprendizaje

La característica única de los Rottweilers es el hecho de que a diferencia de otros miembros del reino animal, se entretienen aprendiendo y practicando las nuevas técnicas.

Por supuesto, el nivel de inteligencia puede variar en cada Rottweiler, pero en la mayoría de los casos los Rottweilers muestran una buena respuesta a aprender nuevas cosas. Para los dueños de Rottweilers, también puede ser una experiencia muy divertida y estimulante.

Sin embargo, no te equivoques en pensar que adiestrar Rottweilers es similar a enseñarles cosas a los niños. Esto no es así ¿Por qué? En primer lugar, porque los Rottweilers pertenecen a otra especie y sus diferencias en relación al hombre no terminan solamente en el aspecto físico.

Ten en mente que las cosas son totalmente diferentes desde la perspectiva de un Rottweiler. Los Rottweilers tienen un campo visual limitado, el cual puede ser un obstáculo para el adiestramiento en obediencia.

Otro importante elemento a tener en cuenta es el hecho de que los Rottweilers tienen un agudo sentido del olfato y del oído, los cuales pueden ser una gran ventaja cuando tengas que dar órdenes, así como también pueden convertirse en una fuente de distracciones.

Lo ideal es que tengas una golosina bien escondida en tu bolsillo, tu Rottweiler podrá reconocer fácilmente ese olor; esto puede jugar a tu favor y persuadirlo a estar más atento.

Para entender a cabalidad la psiquis canina, debes saber que tu Rottweiler también puede comunicarse, aunque en un lenguaje totalmente diferente. Así que si pones atención a sus ladridos, aullidos y gruñidos, podrás distinguir y entender gran parte de los mensajes que te entrega tu Rottweiler. Los distintos sonidos que emite tu Rottweiler son usualmente un buen indicador de su estado de ánimo.

Al igual que los niños preescolares, los Rottweilers exhiben un gran entusiasmo por aprender. Puede que a ellos no les guste lo que les

están enseñando, pero finalmente serán capaces de aprender un par de cosas después de cada sesión de adiestramiento.

Adiestramiento básico

Para el adiestramiento en obediencia se necesita una correa de 1,8 metros hecha de nylon o cuero. Los expertos no recomiendan el uso de una correa retráctil para realizar el adiestramiento. También necesitarás un collar resistente que se ajuste correctamente al cuello de tu Rottweiler.

Siempre ten a mano algunas golosinas o juguetes para usar como recompensa y mucha agua. Los dueños de Rottweilers necesitan mucha paciencia y una actitud muy positiva. Los Rottweilers pueden sentir tu estado de ánimo, si estás tenso o relajado y responderán de acuerdo a cómo te vean.

Es igualmente importante elegir un lugar que tenga pocas distracciones, así será más fácil que tu Rottweiler enfoque su atención en lo que se le enseña. Recuerda que mientras más joven sea el Rottweiler, más cortas deben ser las sesiones de adiestramiento.

No debes llevar a cabo más de dos a tres sesiones al día y cada sesión no debe durar más de cinco a diez minutos. Si notas que tu Rottweiler no se siente bien, programa la sesión de adiestramiento para más tarde.

Algunos expertos recomiendan adiestrar a los Rottweilers antes de la hora de comida principalmente porque se pueden usar las golosinas como refuerzos. En este estado, tu Rottweiler estará considerablemente más ágil y más dispuesto a aprender.

Orden Sentado/quieto

Para esta sesión, tu Rottweiler debe tener puesta una correa y debe estar ubicado frente a ti. Sostén cuidadosamente una golosina sobre su cabeza y dile en una voz clara "sentado". Forzando a tu Rottweiler a mirar

hacia arriba la golosina, él tendrá que sentarse sobre su trasero. Luego dirige lentamente la golosina en dirección a su cola para forzarlo a adoptar una posición completa de sentado. Repite la orden "sentado" varias veces hasta que tu Rottweiler se siente correctamente. No olvides recompensar y elogiar a tu mascota cada vez que obedezca tu orden.

Orden Ven

Tu Rottweiler debe aprender esta orden a temprana edad para que la recuerde fácilmente durante toda su vida. Usa golosinas para hacer que tu mascota vaya hacia ti. En primer lugar, pon un puñado de alimento para perros en un recipiente plástico, luego agítalo frente a tu Rottweiler mientras dices la palabra "comida". Esto ayudará a que tu Rottweiler asocie el sonido del recipiente con la golosina. Haz esto tantas veces sea necesario hasta que tu Rottweiler responda al sonido del recipiente.

Después de una cuantas sesiones agita el recipiente para hacer que tu Rottweiler vaya hacia ti. Pero esta vez asegúrate de decir la palabra "ven" antes de agitar el recipiente. Si tu Rottweiler responde correctamente, dale una golosina. Con el tiempo tu Rottweiler aprenderá a asociar la palabra "ven" con el sonido del recipiente, luego podrás aumentar gradualmente la distancia. No llames a tu Rottweiler para reprenderlo, ya que esto sólo provocará reacciones negativas cada vez que lo llames en el futuro.

Orden Echado/abajo

Toma una golosina y mantenla a unos cuantos centímetros de la nariz de tu Rottweiler. Baja lentamente tu mano con la golosina hasta que toque el suelo. Tu Rottweiler deberá quedar naturalmente en la posición echada.

Cuando veas que tu Rottweiler empieza a entender a echarse puedes empezar a agregar la orden verbal "echado" o "abajo". Puedes decir "echado" justo antes de empezar a mover tu mano con la golosina hacia el suelo.

Finalmente, después de varias repeticiones, dile "echado" a tu Rottweiler sin mover tu mano y recompénsalo con una golosina cuando obedezca tu orden.

Orden Junto

Para los dueños de Rottweilers puede ser bastante exasperante pasear a un Rottweiler no entrenado por calles atestadas de gente. Puede ser muy problemático, especialmente si hay otros Rottweilers cerca. Los Rottweilers sin adiestramiento tienen mayores posibilidades de cruzarse de un lado a otro, hacer tropezar a las personas y convertirse en un peligro ambulante. Hacer que tu mascota camine junto a ti es una de las cosas más importantes que deberás enseñarle a tu Rottweiler.

Para enseñar esta orden tu perro necesita llevar puesta una correa. Desde la posición sentado/echado, dale a tu Rottweiler un tiempo para que entre en calor. Luego ordénale sentarse a tu lado izquierdo y sujeta firmemente la correa con la mano derecha. Con la izquierda toma la correa cerca del collar, así puedes ejercer un tirón firme cuando sea necesario.

A continuación pronuncia la palabra "junto" seguido del nombre del Rottweiler. Por ejemplo, ¡junto, sparky! Cuando des la orden, empieza a caminar iniciando el movimiento con tu pierna izquierda. Tu mascota se adelantará o se quedará atrás. Estas son las reacciones esperadas. Aquí es cuando debes empezar a corregir su conducta.

Si tu Rottweiler trata de adelantarse, déjalo hacerlo hasta el largo de la correa y debes detenerte lo que hará que él no pueda continuar, dale fuertes tirones a la correa sin moverte de tu sitio hasta lograr que vuelva hacia ti y repite la orden "junto" y sigue con tu marcha.

Si tu Rottweiler se queda atrás, no lo arrastres a la fuerza, sino que espera que vaya hacia ti, dando suaves tirones a la correa. Felicita a tu Rottweiler con caricias y palabras cariñosas en cuanto consiga adaptarse a tu paso.

Una vez que tu Rottweiler haya aprendido a caminar junto a ti con la correa puesta enséñale a sentarse cuando dejes de caminar. Camina con tu Rottweiler una corta distancia, luego detente y haz que se siente mediante una orden verbal o gesto. Debes repetir esta rutina "caminar y sentarse" hasta que no necesites dar la orden verbal, sino que simplemente una seña con tu mano.

<u>Premios y castigos</u>

La parte más importante de cualquier adiestramiento en obediencia es dar premios a tu perro cuando tenga una buena conducta.

Estudios han mostrado que los premios, especialmente las golosinas, hacen que las órdenes se aprendan más rápidamente. Las palabras cariñosas y los premios son importantes para mantener siempre una buena conducta canina y prevenir que surjan problemas conductuales en el futuro.

En sus vidas diarias, a menudo los Rottweilers son bombardeados con órdenes severas tales como "no", "detente", "perro malo", las cuales al final tienden a perder su sentido y terminan siendo ignoradas.

Cada vez que sientas la necesidad de reprender a tu Rottweiler, sería más efectivo que le muestres inmediatamente qué es lo que quieres que él haga y premiarlo si lo hace de forma correcta. Ese sería un método más constructivo.

Por ejemplo, si encuentras a tu Rottweiler mordiendo un mueble, dile inmediatamente "fuera", y llévalo a donde están sus juguetes y aliéntalo a morder estos juguetes. No te olvides de elogiarlo o de darle una golosina cada vez que obedezca tus órdenes.

Si la reprimenda se realiza correctamente, tu voz será suficiente orden. La reprimenda debe ser corta, fuerte e inmediata. Es inútil regañar a tu Rottweiler, ya que éste no te entenderá. Reprende a tu Rottweiler solamente cuando lo sorprendas in fraganti haciendo algo indebido. Muchos expertos en animales desaconsejan golpear, patear o darles palmadas a los perros. Estos son castigos inadecuados y provocarán más problemas o empeorarán los problemas existentes en el futuro. No quieres que tu Rottweiler sea en el futuro un perro extremadamente tímido o temeroso, ¿verdad?

<u>Un compromiso de toda la vida</u>

Todos los dueños de Rottweilers deben entender que el adiestramiento canino no dura solamente unas cuantas semanas. Al contrario, es un proceso que dura toda la vida del Rottweiler.

Criar a un Rottweiler debe ser considerado como el inicio de una maravillosa amistad y tu mascota debe ser tratada con amor y respeto.

Mediante los premios y elogios, podrás estimular una buena conducta y, al mismo tiempo, establecer lazos afectivos con tu Rottweiler.

La mayoría de los Rottweilers reconocen naturalmente a los humanos como su superior jerárquico. En respuesta a esto, los dueños de Rottweilers deben ser capaces de asumir esta responsabilidad y proporcionar constante orientación y liderazgo. Todos los miembros de una familia deben tomar parte en el adiestramiento del Rottweiler y hacerlo sentir uno más de la familia.

Como terminar con la mala conducta de un Rottweiler

En este capítulo finalmente te voy a explicar en detalle como terminar con cada uno de los malos comportamientos que pueda estar teniendo tu Rottweiler.

Al aplicar esta información, podrás conseguir que tu Rottweiler sea bien educado, te haga caso siempre y sea la mascota feliz y amigable que todos deseamos.

El no conocer los temas de este capítulo es la causa de que muchos dueños de Rottweilers no logren controlar a sus mascotas y terminar con sus malos hábitos.

Esta es tu oportunidad de terminar de una manera sencilla y rápida con todos los dolores de cabeza que te está generando tu querida mascota.

¿Que hacer si tu Rottweiler muerde tus zapatos y todo lo que encuentra?

Es normal en los Rottweilers recojan todo con sus bocas, así es como ellos exploran el mundo.

Puedes hacer la vida más fácil para ti y para tu Rottweiler si haces un buen trabajo de entrenamiento. Básicamente, mantén objetos de valor no masticables fuera del alcance de tu mascota.

Inevitablemente, sin embargo, tu Rottweiler encontrará un objeto prohibido, tales como un libro o un zapato, algo de valor para ti o algo que lo puede herir.

Cuando tu Rottweiler encuentra un objeto prohibido, tu primer impulso instintivo será correr hacia él, agarrarlo y decirle que es un mal perro...

PERO DENTENTE, esa es la peor cosa que puedes hacer.

En vez de eso, se proactivo. Enséñale tu Rottweiler a que te de los objetos a ti cuando se lo indiques. Entonces, cuando el agarra algo inapropiado, sólo cambia hacia el modo de entrenamiento y dale la orden "dame eso":

1) Para enseñarlo la orden "dame eso", ofrécele a tu Rottweiler un juguete con el cual él le guste jugar.

2) Cuando el este felizmente jugando, ofrécele una galleta de perros o algo de comida.

3) Cuando tire el juguete para tomar la galleta, di "dame eso" y dale la galleta.

4) Entonces empújale el juguete hacia el para que siga jugando. Que juego más entretenido, tu Rottweiler obtiene una riquísima galleta y tiene el juguete otra vez para divertirse.

5) Después de unas cuantas repeticiones, comienza diciendo "dame eso" entonces ofrécele la galleta a cambio del juguete.

6) Con práctica, el aprenderá a tirar el juguete a una orden específica, y que puedes darle alguna galleta.

7) Después de un tiempo de práctica, comienza a usar solo gestos de afecto para premiarlo en vez de comida.

¿Qué hacer para que tu Rottweiler deje de saltar encima de las personas?

Envés de permitirle a tu Rottweiler saltar sobre la gente, enséñale cómo sentarse cuando saluda a alguien incluyéndote a ti y a los otros miembros de tu familia.

Primero, enséñale a sentarse. Una vez que este ejecuta este truco básico y lo hace de una forma segura, entonces puedes seguir el entrenamiento enseñándole a no saltar sobre la gente.

Una simple rutina de entrenamiento anti-salto

Comienza fijando algunas sesiones de entrenamiento. Para entrenar a tu Rottweiler a no saltar cuando están en compañía necesitarás que tus invitados te ayuden.

Antes de permitirle a tu compañía entrar a tu casa, ponle una correa a tu Rottweiler y luego haz entrar a tus invitados. Diles que no le pongan atención a tu mascota hasta que éste se siente en frente de ellos primero.

Dile tu Rottweiler "siéntate" a medida que tu compañía entre. Si tu perro no se sienta pero en vez de ello comienza saltar sobre tus visitantes, hálale con la correa y dile a tus invitados que se alejen de él.

No lo pueden acariciar hasta que el obedientemente se siente y controle sus impulsos de saltar.

Para enseñarle a tu Rottweiler a no saltar sobre ti, sigue estos pasos:

1) Asegúrate de que tus manos estén libres cuando entras a la casa y tu Rottweiler trata de saltar sobre ti, agárralo del collar y dile "sentarse". Entonces dile que se siente mientras lo mantienes agarrado del collar. Mantenlo en esta posición y luego elógialo por haberse sentado.

2) Motiva a que todos los miembros de tu familia refuercen esta regla constantemente hasta que tu Rottweiler aprenda. La consistencia es la clave cuando se enseña a un Rottweiler a no saltar.

Dentro de una semana de fuerte entrenamiento tu mascota deberá mostrar signos de control relacionados a su hábito de saltar sobre la gente.

¿Cómo evitar que tu Rottweiler te muerda a ti y a otras personas?

Tu Rottweiler no debe mostrar un problema de mordiscos o ser hacedor de heridas una vez que él alcanza la edad de 15 semanas o más.

Para esa fecha tú ya debes haberle administrado técnicas de un entrenamiento apropiado y comandos específicos para lograr que tu perro detenga este comportamiento con su boca.

Sin embargo, si éste es aún un problema o si tú has adoptado a un Rottweiler que es un poquito más viejo que 15 semanas y es nuevo en la casa, entonces los siguientes consejos pueden ayudarte a que tu mascota pare de morder tus manos y mordisquear tus dedos:

1) El primer problema en tu lista debe ser inmediatamente dejar de jugar a todos los juegos con tu Rottweiler que incluyan jugar a lo bruto.

Yo me doy cuenta de que parte de la diversión de tener un nuevo Rottweiler es jugar juegos como guerra de tirones y lucha, pero desafortunadamente, si tú estás con un animal que aun no sobrepasa su período de usar su boca, debes sacrificar estos tipos de actividades.

Jugando estos juegos, le estás dando a él la noción de que se le es permitido jugar a lo bruto contigo a cualquier hora que él quiera. Y los perros hacen esto en su mayoría a través de heridas y mordeduras.

2) Mientras que está bien permitir algunas heridas a tu Rottweiler si es cachorrito, cuando tu Rottweiler sea más viejo que 15 semanas, todas las formas de herir deben ser totalmente repelidas.

No importa si sólo es una pequeña herida en tu mano que parece ser inofensiva, dale a tu Rottweiler un comando directo para qué pare de hacer eso y retira tu brazo rápidamente.

3) Si se necesita, aplica un tipo de " método de shock " para hacer qué pare de morder. Mantén en mente que yo no me estoy refiriendo a cualquier cosa que sea dañina para tu Rottweiler.

Una botella rociadora Con agua es perfecta para esto. Cualquier cosa que tú puedas rápidamente rociar a su cuerpo o cabeza cuando el mordisquea, es suficiente para frenarlo de querer morder otra vez.

La mayor parte del tiempo, esta técnica es todo lo que un dueño de un Rottweiler necesitará para erradicar el problema con la boca de su Rottweiler.

4) Por último pero no menos importante, usa comandos firmes y disciplinarios cuando sea necesario.

Esto se aplica a Rottweilers de todas las edades. No hay nada malo en decir inmediatamente un alto y firme comando "No Muerdas!" Si tú sientes un repentino mordisquear en tu mano.

Sin embargo, hay dos cosas que debes mantener en mente aquí: no grites tan fuerte que asuste a tu Rottweiler, y segundo, evita mirar a los ojos de tu Rottweiler por un largo período de tiempo ya que esto él lo interpretaría como una confrontación.

¿Qué hacer cuando tira de la correa cuando lo saco a pasear?

Si tu Rottweiler se niega a obedecer, retrocede, o actúa como un toro salvaje en un rodeo, sólo permanece quieto calmadamente, manteniéndolo firme de la correa, y dejándolo que se desahogue.

No hagas un gran problema de eso. Simplemente déjalo echar su rabieta hacia fuera, pero no cedas y ve en la dirección que él quiere ir. Él se cansara de su numerito en un muy corto período de tiempo, especialmente cuando veas que tal comportamiento no lo conduce a ninguna parte.

Cuando el finalmente se calma, háblale amorosamente y de una forma segura. Hazle pensar que todo va a estar bien y que tú tienes todo bajo control.

Una forma de solucionar este problema de raíz es enseñándole a tu Rottweiler los comandos "sentado", "quieto", "echado" y "junto" explicados en el capítulo anterior.

¿Cómo evitar que tu Rottweiler robe tus zapatos u otro objeto y salga corriendo?

Hay varias formas de manejar a un Rottweiler que está robando tus prendas y otros artículos de la casa.

Una forma de hacer que tu Rottweiler suelte lo que tenga en su boca inmediatamente es simplemente salir del cuarto y cerrar fuertemente la puerta detrás de ti.

Por ejemplo, digamos que tú estás en tu cuarto y tu Rottweiler agarra un calcetín de la esquina del clóset y corre a lo largo del cuarto evitándote a ti a toda costa.

Esto sólo es un juego para él, nada más. Así que lo que tienes que hacer es rápidamente hacerlo perder interés en el juego dejando el cuarto con la puerta cerrada. En menos de 10 segundos tu mascota dejará el calcetín y comenzará a llorar por tu presencia.

Otra forma de distraer a tu perro para que no robe tus prendas y otros pequeños artículos es distraerlo caminando hacia la puerta y haciendo sonar tus llaves de manera que él comprenda que lo vas a llevar afuera (los Rottweilers rápidamente asocian el sonido de las llaves con alguien dejando la casa).

Ahora lleva a tu Rottweiler al patio o a la vereda de la casa por sólo unos cuantos minutos. Si haces esto lo suficiente, eventualmente tú Rottweiler será capaz de dejar de jugar su pequeño juego de ladrón cada vez que tú hagas sonar tus llaves.

Todo esto es acerca de distracción y de entrenar la mente de tu Rottweiler enseñándole a asociar algo más de importancia cada vez que él intente romper las reglas.

¿Qué hacer si mi Rottweiler tiene OTROS problemas de comportamiento?

Por último pero no menos importante, lo que yo siempre recomiendo para la mayoría de los problemas de conducta de un Rottweiler es obtener una pequeña botella de agua que puedas usar para mojar a tu Rottweiler.

Por supuesto que tú no quieres torturar a tu perro echándole agua en un ojo o algo parecido, pero un pequeño chorro de agua puede ser de gran ayuda cuando intentas hacer que tu Rottweiler pare de realizar cualquier problema de conducta que él siga repitiendo.

Cada vez que tu Rottweiler tiene una mala conducta como morderte objetos, arruinar las plantas, destruir algo o cualquier cosa que no te guste, dale una rápida mojada y un firme comando " no".

El estará tan sorprendido y boquiabierto que rápidamente dejará cualquier cosa que esté haciendo mientras aprende que ésta es una regla que él no puede romper.

Como enseñarle a tu Rottweiler a que no haga sus necesidades dentro de la casa

Los perros Rottweilers son lindos, adorables, tiernos y, a veces, extremadamente desagradables. Sabes a lo que me refiero cuando tu perrito deja un charco de orina o una pila de excremento sobre tu alfombra, entonces no te parece tan adorable, ¿verdad?

No te sientas culpable: Es difícil querer a un Rottweiler que usa tu casa como su baño.

Pero anímate, no tienes que vivir con un Rottweiler así. Puedes enseñar a tu Rottweiler a hacer sus necesidades en el momento y en el lugar que tú desees. Tu Rottweiler puede aprender hábitos higiénicos básicos siempre y cuando sigas estos siete simples pasos.

Paso 1: Compra una jaula para perro

Años atrás, las personas no usaban las jaulas para enseñar hábitos higiénicos a sus perros, y, por tanto, el proceso era mucho más difícil de lo que es hoy. Las jaulas aprovechan el instinto básico de un Rottweiler de mantener limpia su guarida. Éste hará todo lo posible por evitar hacer sus necesidades ahí. Esta evitación hará que tu Rottweiler aprenda a controlar su vejiga e intestinos.

Tu Rottweiler también usará la jaula como lugar para relajarse y para dormir. El uso de una jaula facilitará la enseñanza de hábitos higiénicos.

Además de una jaula, las rejas de seguridad para bebés pueden ayudar a mantener a tu Rottweiler confinado en forma segura y ayudar a prevenir accidentes durante la enseñanza de hábitos higiénicos cuando no puedas vigilar a tu Rottweiler.

Paso 2: Elige un lugar para que tu Rottweiler haga sus necesidades

Generalmente, el mejor lugar para que tu Rottweiler haga sus necesidades es el patio trasero de tu casa. Así, tú y tu mascota no tendrán que ir demasiado lejos cuando éste necesite evacuar. Asegúrate de que el área elegida sea fácil de limpiar: a los Rottweilers no les gusta usar "baños" sucios.

Otra importante ventaja de usar tu propiedad es que puedes proteger a tu Rottweiler de enfermedades mortales, tales como el distemper y la enfermedad del parvovirus canino. Ambas enfermedades se transmiten por medio del contacto con el vómito o la deposición intestinal de un perro infectado.

Debido a que es improbable que otros perros, excepto aquellos que ya viven contigo, evacuen en tu patio, tu Rottweiler no entrará en contacto con los agentes que transmiten las enfermedades anteriormente mencionadas.

Paso 3: Deja olores en el lugar donde quieres que tu Rottweiler haga sus necesidades

Si sigues los siete consejos que se entregan en este capítulo, podrás enseñarle a tu Rottweiler los hábitos higiénicos de una manera mucho más fácil. Si lo estás haciendo significa que ya adquiriste una jaula adecuada para tu Rottweiler, quizás una reja de seguridad para bebé y elegiste el lugar perfecto para que tu Rottweiler haga sus necesidades (de preferencia tu patio trasero).

El sentido del olfato de tu Rottweiler es mucho mejor que el tuyo. El hocico canino tiene alrededor de 220 millones de células diseñadas específicamente para detectar olores, mientras que los humanos sólo tenemos cerca de 5 millones de dichas células. Además de esta increíble capacidad para detectar olores está la humedad en y sobre la nariz de tu Rottweiler, la cual le permite acumular grandes cantidades de moléculas odoríferas que juntas amplifican lo que ya está olfateando.

Además, el centro olfativo de tu Rottweiler (el área del cerebro que identifica los olores) y la membrana nasal son de mayor tamaño que las áreas correspondientes de los seres humanos. Todas estas diferencias fisiológicas hacen que tu perro pueda detectar muchísimos olores que para ti pasan desapercibidos.

Pero ¿qué tiene que ver el súper olfato de tu Rottweiler con tus esfuerzos por enseñarle hábitos higiénicos? Fácil, puedes usar el olor de la orina de tu Rottweiler para indicarle el lugar donde debe hacer sus necesidades.

La próxima vez que orine tu Rottweiler, limpia la orina con una toalla de papel o un paño suave y colócalo en el lugar donde quieres que tu Rottweiler haga sus necesidades. Cuando veas que tu Rottweiler tiene ganas de ir al baño llévalo al lugar donde pusiste el paño. Lo más probable es que tu Rottweiler lo olfatee atentamente, luego vuelve a untar el paño con orina. Repite este proceso un par de veces, y pronto tu Rottweiler hará sus necesidades en el lugar escogido sin el paño o alguna indicación tuya.

Paso 4: Establece horarios fijos

Ahora que le has mostrado a tu Rottweiler dónde quieres que haga sus necesidades, debes enseñarle cuándo hacer sus necesidades. Cabe señalar que, durante algún tiempo, las horas de idas al baño de tu Rottweiler no dependerán completamente de ti. Esto se debe a que un Rottweiler no puede retener su orina o sus heces por mucho tiempo. En realidad, los Rottweilers que tienen menos de 4 meses necesitan hacer sus necesidades entre 12 y 14 veces al día.

La mejor forma de llevar un registro de las veces que tu Rottweiler hace sus necesidades es establecer un horario fijo de comidas, de paseos, de juegos y de siestas. Esto no sólo te dará la posibilidad de predecir las horas que tu mascota querrá ir al baño, sino que también ayudará a acelerar el proceso de enseñanza de hábitos higiénicos. Si llevas a tu Rottweiler a hacer sus necesidades a la misma hora todos los días, su cuerpo se irá acostumbrando al horario, y estará condicionado a evacuar cuando tú quieras.

Paso 5: Señales de tu Rottweiler y órdenes tuyas

Ahora que aprendiste formas de enseñarle a tu Rottweiler cuándo y dónde debe hacer sus necesidades, necesitas saber qué hacer cuando haga sus necesidades. Cuando lleves a tu Rottweiler al lugar designado como baño, verás que éste olfatea detenidamente el suelo, quizás ande de un lado a otro, empiece a dar vueltas en círculos, o se detenga repentinamente. Estas conductas son señales que indican que tu Rottweiler evacuará dentro de muy poco tiempo.

En el momento en que tu Rottweiler esté haciendo sus necesidades debes repetir una orden o señal como "pis". "pipi" o "haz tus cosas". Usa la misma frase o palabra cada vez que tu Rottweiler vaya al baño y ten presente lo siguiente: Elige una palabra o frase que puedas decir en público.

Sería divertido que tu Rottweiler orinara a la orden de "mear", pero ¿puedes decir cosas así en voz alta delante de extraños? Juzga tú.

Es importante que uses la señal u orden solamente cuando quieras que tu Rottweiler haga sus necesidades. Algunas personas usan palabras muy generales, tales como "apúrate", pero esa elección puede producir efectos indeseados. Por ejemplo, si estás con tu hijo y tu Rottweiler te escucha decir "apúrate" y anda al colegio, tu Rottweiler puede darte un regalo poco grato.

Con el tiempo, tu Rottweiler asociará tu orden con la acción de ir al baño, y hará sus necesidades cuando escuche tu orden. Esta técnica es muy útil para cuando haya noches frías o lluviosas y tengas que llevar a tu Rottweiler fuera de la casa para que haga sus necesidades, pero no quieres esperarlo demasiado tiempo.

Una vez que tu Rottweiler haya terminado de hacer sus necesidades, felicítalo efusivamente y dale una golosina. Luego, llévalo inmediatamente de vuelta a casa. La hora de ir al baño no debe ser un momento para jugar.

Paso 6: Permanece alerta

Mientras tu Rottweiler aún esté aprendiendo lo hábitos higiénicos básicos, tu trabajo será asegurarte de que no tenga la oportunidad de provocar accidentes (o los menos posibles). Por esta razón, debes vigilar atentamente a tu Rottweiler cuando éste no se encuentre en su jaula.

Si tu Rottweiler muestra señales de que necesita ir al baño, levántalo en tus brazos y llévalo afuera. Luego, cuando tu Rottweiler haya hecho sus necesidades, felicítalo con mucho entusiasmo. Si no llegas a tiempo, y tu Rottweiler ha hecho una gracia en tu alfombra, llévalo a su jaula y limpia la alfombra sin decir nada.

Usa un limpiador enzimático que remueva manchas de mascota para eliminar los olores que podrían alentar a tu Rottweiler a hacer sus necesidades en ese lugar nuevamente. Luego, trata de estar más alerta para prevenir que suceda un accidente de nuevo.

Paso 7: No pierdas la paciencia

Ten paciencia. No esperes que tu Rottweiler aprenda los hábitos higiénicos de la noche a la mañana. Enseñar hábitos higiénicos requiere tiempo, paciencia y comprensión. Tu Rottweiler necesita tiempo no sólo para entender lo que esperas de él, sino que para aprender a no evacuar hasta llegar al lugar escogido como baño.

Comentarios Finales

Felicitaciones, haz completado el aprendizaje para poder educar, entrenar y adiestrar a tu Rottweiler para finalmente terminar con sus malos hábitos y transformarlo en la mascota ideal.

No te quedes con solo leer este libro, es importantísimo que actúes y apliques su contenido con tu Rottweiler. Esta será una experiencia muy divertida y gratificante.

En este libro te he enseñado los principios básicos para hacer que tu Rottweiler cumpla tus órdenes. Siéntete con la libertad de innovar e inventar nuevas órdenes y hacer que tu mascota realice nuevos trucos.

Espero que después de leer este libro tu relación con tu Rottweiler sea mucho más placentera y gratificante, y si te quedas con alguna duda, acudas a mí en busca de respuestas: te las daré.

Un abrazo,
Marcos Mendoza

Made in the USA
Middletown, DE
18 February 2017